Dem Andenken von José A. Estenssoro, der Argentinien feiern wollte –
seine Wahlheimat, die er so leidenschaftlich liebte

Viel Glück
+
Freude
Euch beiden
Roman 30/6/'01

TE
AMO

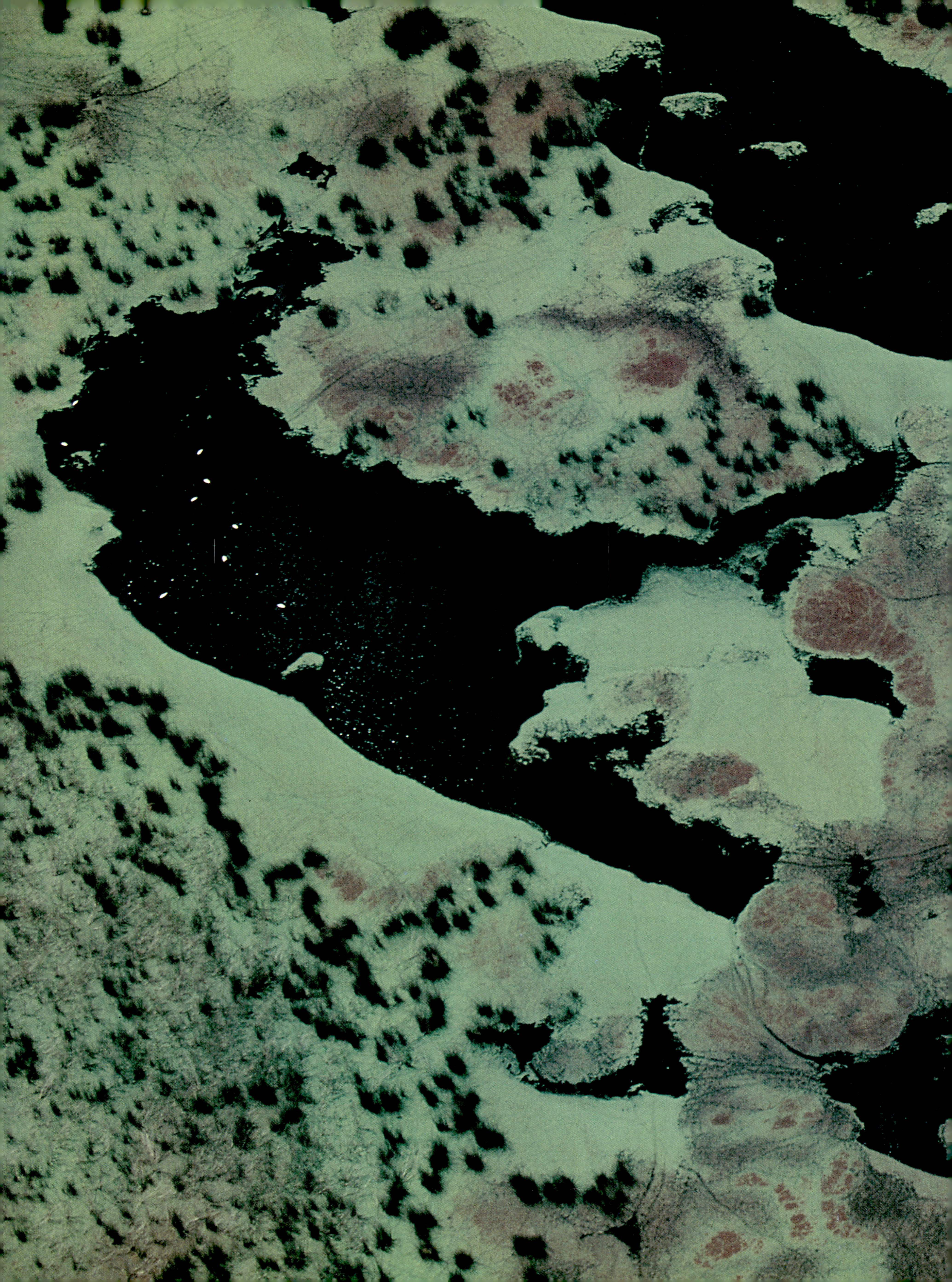

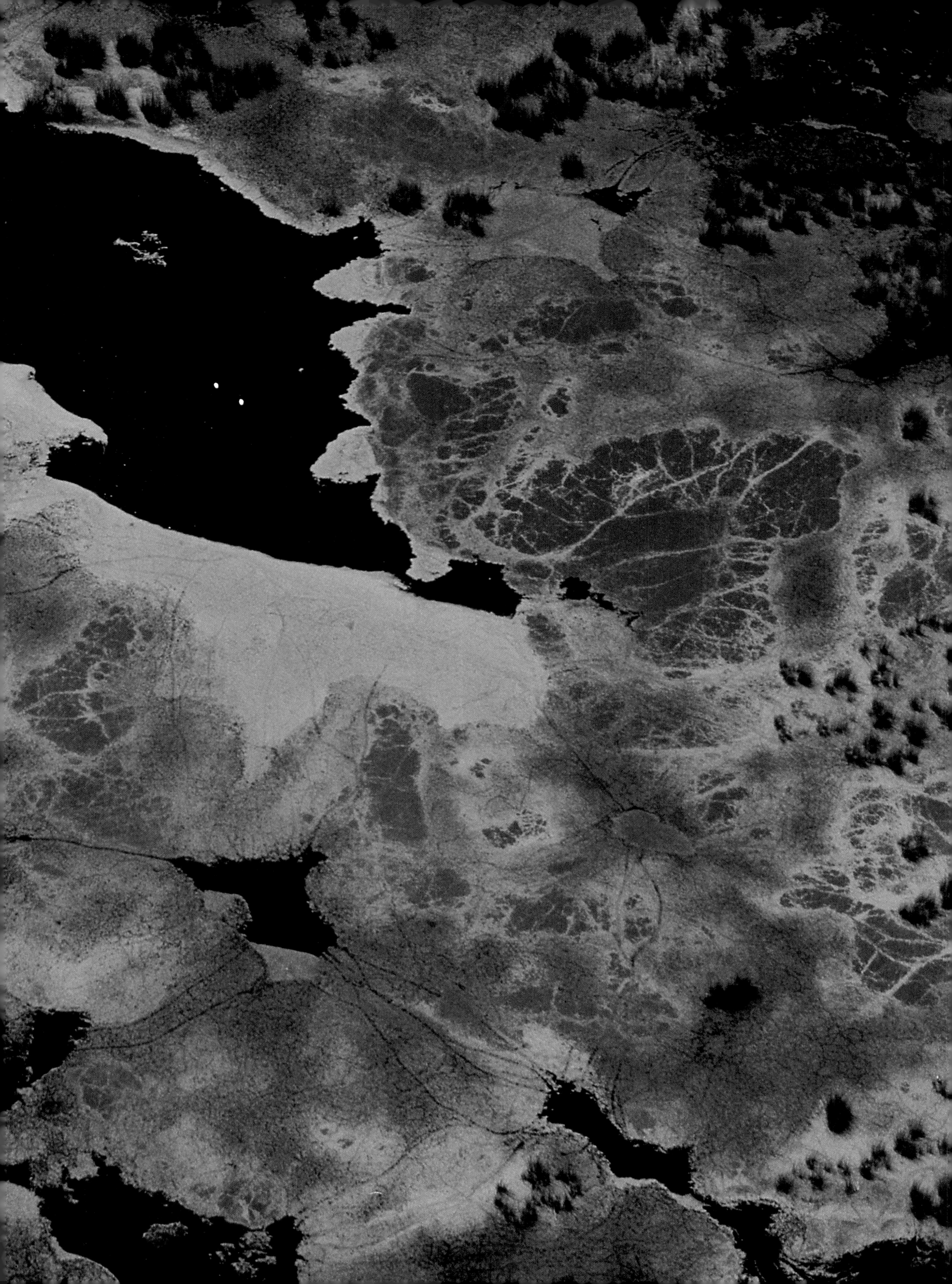

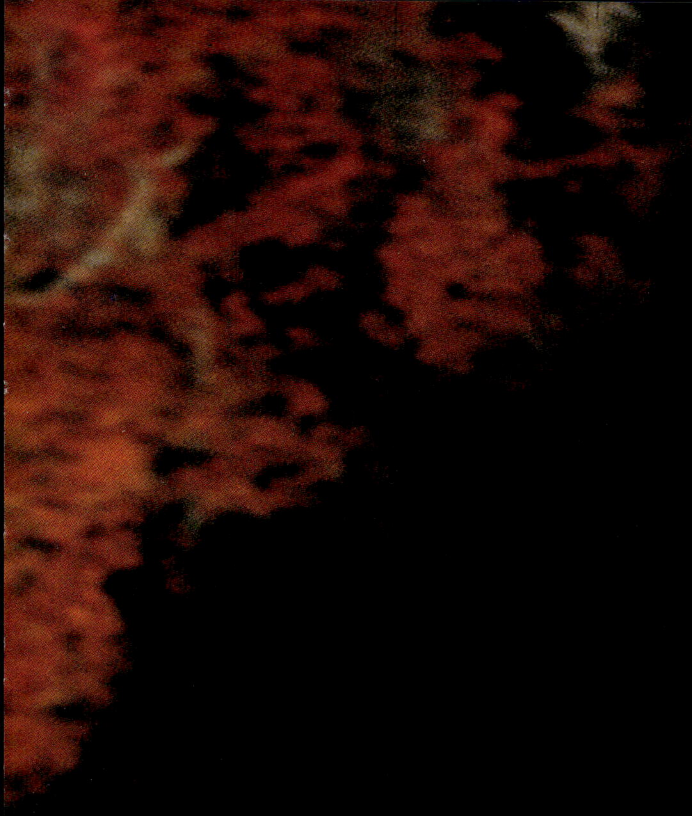

ARGENTINIEN

AUS DER LUFT

Fotos von Yann Arthus-Bertrand

Text von Felisa Larivière

RV Verlag

E I N L E I T U N G

(Seite 1)
Ein romantisches Bekenntnis – »Ich liebe dich« – auf einem Feld in der Nähe von Mar del Plata (Provinz Buenos Aires).

(Seite 2 – 3)
Der 3375 Meter hohe Gipfel des Monte Fitz Roy oder Chaltel in den Anden ist das Traumziel vieler Bergsteiger.

(Seite 4 – 5)
Unaufhaltsam nähert sich der Gletscher Perito Moreno dem Lago Argentino (Provinz Santa Cruz).

(Seite 6 – 7)
Das Wildreservat Campos del Tuyú (Provinz Buenos Aires), Zuflucht des Pampahirsches *(Ozotoceros bezoarticus)*.

(Seite 8)
DER KONDOR FLIEGT ÜBER DAS ENCANTADO-TAL
Von seinem Horst hoch über dem Fluß Cuyín Manzano sucht ein einsamer Kondor *(Vultur gryphus)* das Valle Encantado (Verzaubertes Tal) im Südwesten der Provinz Neuquén nach Aas ab. Mit seiner Spannweite von etwa 3 Metern schwebt der Vogel mühelos stundenlang allein oder in kleinen Gruppen auf thermischen Strömungen. Er bewohnt die gesamten Anden und die Berge im Landesinneren Argentiniens.

(Links)
HORNO-MEERESARM IM GOLFO SAN JORGE
Die Wogen des Atlantiks haben die Küste vor Chubut in tiefe Buchten gespalten. In diesen Meeresarmen macht das ruhige Wasser den Seeleuten die Arbeit leichter: Boote gleiten zwischen spielenden Fitzroy-Delphinen *(Lagenorhynchus obscurus)* hindurch. Die ruhelosen geselligen Bewohner der Südhalbkugel suchen im flachen Wasser Schutz vor ihrem größten und bedrohlichsten Feind, dem schwarzweiß gefärbten Schwertwal.

Argentinien, das an der Südspitze der Neuen Welt liegt, bietet dem Betrachter eine kaum überbietbare Folge kontrastreicher Landschaften. Von Norden nach Süden dehnt sich das Land über 3700 Kilometer aus und weist eine reiche Vielfalt von Naturformen, Tierarten und Klimata auf. Aus der Höhe betrachtet, zeigt sich Argentinien – mit mehr als 2,7 Millionen Quadratkilometern das achtgrößte Land auf dem Globus – in überraschenden Bildern. So ist der Fotograf Yann Arthus-Bertrand dem majestätischen Kondor von Horizont zu Horizont gefolgt und hat für dieses Buch neue topographische Perspektiven eingefangen.

Weitab von den dichter besiedelten Staaten der nördlichen Erdhalbkugel gelegen, ist Argentinien von fünf Ländern umgeben, mit denen es eine gemeinsame Grenze von insgesamt 9376 Kilometern hat. Im Norden sind Bolivien und Paraguay seine Nachbarn, im Osten Brasilien und Uruguay. Die Andenkette, die längste Staatsgrenze der Welt, trennt Argentinien im Westen von Chile.

Äußerst abwechslungsreich ist die rund 4500 Kilometer lange Küste, an die der Südatlantik brandet. Flache Sanddünen kennzeichnen die Strecke vom Río de la Plata nach Süden bis zum Río Negro in Patagonien, von wo aus sich dann eine von Buchten und Meeresarmen durchschnittene Steilküste erhebt. Die Halbinsel Valdés (Provinz Chubut), deren Form an einen Axt- oder Hammerkopf erinnert, beheimatet 168 Vogelarten. Überdies kommen große Meeressäuger an ihre Sand- und Kieselstrände; hier befindet sich das einzige Paarungsgebiet der See-Elefanten in Argentinien. Sie treffen im Winter ein, und die dominanten Männchen paaren sich mit ihren Harems von 15 bis 20 Weibchen. Die Südlichen Glattwale dagegen gehen im flachen Wasser des Golfo San Jorge auf Partnersuche.

In Patagonien haben die Flußmündungen einen so großen Tidenhub, daß die Häfen großen Schwierigkeiten ausgesetzt sind. Ursprünglich für den Export von Wolle gebaut, verschiffen sie jetzt ebenso Erdöl aus dem Becken des Golfo San Jorge. Das Schwarze Gold entdeckte man 1907 bei Comodoro Rivadavia; seitdem wird es in immer größeren Gebieten gefördert.

Ebenes Grasland charakterisiert das Landesinnere. Die Pampa umfaßt über 550 000 Quadratkilometer, liegt zu zwei Dritteln tiefer als 500 Meter über dem Meeresspiegel und erstreckt sich über die Provinzen Buenos Aires, Santa Fe, Córdoba, Entre Ríos, La Pampa und San Luis. Das Land der Gauchos besitzt ein gemäßigtes Klima, das Getreideanbau und Rinderzucht begünstigt, auf die sich die argentinische Wirtschaft hauptsächlich stützt. Die Pampa ist so fruchtbar, daß sie sich zur Kornkammer Südamerikas entwickelt hat. Vorwiegend werden Weizen, Mais und Futtergetreide angebaut, doch zunehmend setzt man auch auf Sojabohnen, deren Öl am Weltmarkt stärker gefragt ist. Für Millionen Rinder bietet das natürliche, weite Grasland hervorragende Weidegründe. Das einheimische Wildrind der Kolonialzeit wurde in der zweiten Hälfte des 19. Jahrhunderts mit den englischen Rassen Hereford, Shorthorn und Aberdeen Angus verbessert. Argentinisches Rindfleisch kennt man in der ganzen Welt, und die Einheimischen selbst sind große Fleischesser: Ihr jährlicher Pro-Kopf-Verbrauch liegt bei über 60 Kilogramm. Am liebsten haben sie jeden Tag ein großes Steak auf ihrem Teller. Schwach werden sie im übrigen auch bei *dulce de leche*, einem weichen, sahnigen Karamel.

Milchwirtschaft mit Holstein-Kühen findet man besonders in den Regionen um Buenos Aires und den Städten am Fluß Paraná, weil dort die höchste Nachfrage besteht. Der Export der Agrarprodukte geht über die wichtigen Häfen Rosario, Buenos Aires und Bahía Blanca. Zahlreiche Fabrikschlote kennzeichnen die größte Industrieregion des Landes zwischen Santa Fe und Paraná, beides Städte am Río Paraná, und von La Plata, südöstlich von Buenos Aires am Río de la Plata gelegen. Die meisten der 34 Millionen Argentinier leben in den Städten – ein Drittel allein in und um Buenos Aires; die Ebenen Patagoniens dagegen sind nur dünn besiedelt.

Glanzvoll präsentiert sich die etwa 200 Quadratkilometer große Hauptstadt Buenos Aires, weltberühmt als Geburtsstätte des Tangos. Wolkenkratzer stehen hier Seite an Seite mit Bauten der Jahrhundertwende, die im französischen Stil errichtet wurden. Buenos Aires ist seit 1880 Regierungssitz und das politische, wirtschaftliche und kulturelle Herz Argentiniens. Ein Ring aus 19 selbständigen Gemeinden umgibt das Zentrum und erweitert die Stadt zu einer Metropole, in der insgesamt 11 Millionen Menschen leben. Sie liegt ebenfalls am Río de la Plata, einem Ästuar, der die gemeinsame Schlauchmündung des Río Paraná und des Río Uruguay bildet. Sein Wasser ist trübe, da beide Flüsse sehr sedimentreich sind. So müssen die Schiffahrtskanäle zum Hafen ständig freigebaggert werden. Bis zum gegenüberliegenden Ufer können die *porteños* – die Bewohner der Hauptstadt, deren Name von *puerto* (Hafen) abgeleitet ist – nicht blicken: Der Río de la Plata ist bereits an seiner schmalsten Stelle 50 Kilometer breit. Zwischen Kap San Antonio und Punta del Este in Uruguay, wo er sich zum Atlantik öffnet, erreicht er eine Breite von etwa 220 Kilometern.

Argentinien ist ein junger Staat, der aus dem spanischen Vizekönigreich Río de la Plata hervorgegangen ist. Sein Name geht auf ein Gedicht aus dem 16. Jahrhundert zurück. Der Verfasser, Kaplan Martín del Barco Centenera, der eine frühe Expedition in diesen Winkel der Neuen Welt begleitete, verwendete darin eine hispanisierte Form des lateinischen Wortes *argentum* (Silber) für das Gebiet am Río de la Plata (Silberfluß). 1826 inspirierte sein Poem die Gründerväter der Republik. Der Aufruf »an alle Menschen guten Willens, die argentinischen Boden bewohnen möchten«, lockte in den letzten Jahrzehnten des 19. und den ersten des 20. Jahrhunderts in großer Zahl Spanier und Italiener, aber auch Deutsche, Briten, Iren sowie Syrer und Libanesen. Letztere bezeichnet man auch heute noch ungeachtet ihrer Herkunft und lange nach dem Zerfall des Osmanischen Reiches als »Türken« *(turcos)*. Trotz weiterer Einwanderungswellen aus Nachbarländern ist Argentinien nach wie vor schwach besiedelt – die mittlere Bevölkerungsdichte beträgt 12 Menschen je Quadratkilometer.

Der Flug unseres Fotografen geht im Westen die Anden entlang, die relativ spät im Tertiär entstanden und das Gesicht Amerikas veränderten. Die Route streift die kargen Hochebenen des Nordwestens und führt dann allmählich hinunter zu den friedlichen, geradezu verschlafenen Siedlungen der Humahuaca-Schlucht in der Provinz Jujuy. In dem Dorf Purmamarca mischt sich das indianische Erbe mit dem der einstigen Kolonialmacht Spanien. Hübsche, einfache Häuser aus Holz und luftgetrockneten Ziegeln gruppieren sich um die Kirche, die sich scharf vor dem Berg der Sieben Farben abhebt, und die ungepflasterten Straßen treffen am Dorfplatz aufeinander, wo auch ein Kunsthandwerkermarkt stattfindet.

Wir fliegen weiter hoch über der Schneegrenze; unser Wegweiser ist der Gipfel des Aconcagua (6959 Meter), der höchste Berg Amerikas. »Steinerner Wächter« bedeutet sein Name im Spanischen. Danach erreichen wir die kühlen Oasen der Cuyo-Region in den Provinzen San Juan und Mendoza, wo dank des trockenen Klimas verbunden mit künstlicher Bewässerung der beste Wein des Landes wächst – Argentinien gehört zu den größten Weinexporteuren der Welt. Gegen Süden werden die Berge flacher, so daß die feuchten Luftmassen vom Pazifik die Anden überwinden können und ergiebigen Regen bringen; die Hänge sind dicht mit Zypressen und südlichen Buchenarten bewachsen: *ñire, lenga, raulí, guindo, roble pellín* und *coihue*. Wir befinden uns jetzt in Patagonien, dem Reich des ständigen Windes und der endlosen Weiten. Bei der sogenannten Eroberung der Wüste (1879–1884) wurden die meisten der hier als Nomaden lebenden Indianer umgebracht. Ihre Nachfolger, Siedler aus verschiedenen Ländern, beackerten im oberen Teil des Río Negro im Schatten von Pappeln den bis dahin unfruchtbaren Boden und verwandelten die Region in das ertragreichste Agrargebiet das ganzen Landes. Die dort angebauten Äpfel, Birnen, Weintrauben, Pfirsiche und Kirschen werden mit großem Erfolg exportiert.

Patagoniens Berge sind durch tiefe Täler getrennt, in denen sich an einigen Stellen Seen gebildet haben, darunter der monumentale Lago Nahuel Huapi sowie die Lagos Buenos Aires, Viedma und Argentino. Auf den Bergketten erheben sich vulkanische Gipfel – der Lanín (3768 Meter) in Neuquén und der Tronador (3554 Meter) in der Provinz Río Negro, deren Gletscherwasser im Frühling die blauen Seen füllt. Nach Osten fällt das Land ab zur ebenen Trockensteppe, wo Schafe, von deren Zucht die patagonische Wirtschaft abhängig ist, sich von harten Grasbüscheln ernähren müssen. Jenseits der Magellan-Straße in Feuerland, dem äußersten Ende der Welt, sind die Anden wieder zu sehen. Selten ragen sie hier höher als 1000 Meter und werden immer wieder von Kanälen und Seen unterbrochen, die während der letzten Eiszeiten in den Fels geschnitten wurden. Spuren evangelischer und katholischer Missionen findet man noch immer auf der Isla Grande, die im Norden baumlos und sanft hügelig, im Süden aber bewaldet und schroff ist. Am Ufer des Beagle-Kanals erstreckt sich ein Nationalpark, der einzige an der Küste. Dort in der Bahía Lapataia (Lapataia-Bucht), wo auch die berühmte Panamericana, die Straße durch den Doppelkontinent, ihr südliches Ende erreicht, wächst der Zimtbaum *canelo*, dessen würzige Rinde die Teilnehmer der frühen Expeditionen als Mittel gegen Skorbut entdeckten.

Im Gegensatz zu früher ist Argentinien inzwischen leicht zu erreichen. Gleichwohl finden sich auch heute noch weite Landstriche, die unberührt und nicht besiedelt sind. Einige der Gebiete sind nun Nationalparks. Sie umfassen gerade einmal ein Prozent der gesamten Landesfläche, doch ihre überregionale Bedeutung wurde durch die UNESCO bestätigt. 1981 und 1984 nahm sie zwei argentinische Naturschutzgebiete in die von ihr geführte »Liste des Weltkultur- und Naturerbes der Menschheit« auf: Los Glaciares (Gletscher-Nationalpark in der Provinz Santa Cruz) mit seinen riesigen Gletscherflüssen und den Nationalpark Iguazú (Provinz Misiones), in dem es Hunderte von Kaskaden und ausgedehnte tropische Regenwälder gibt.

Reisen Sie mit diesem Buch durch Argentinien – es zeigt neue Ansichten eines Landes, die uns überraschend und vertraut zugleich erscheinen.

Felisa Larivière

(Vorhergehende Doppelseite)
DIE WASSER DES BEAGLE-KANALS

Heimtückische Winde können das eisige Wasser des Beagle-Kanals in nur wenigen Minuten hochpeitschen. Viele Entdecker, Missionare und Goldsucher, die hier im 19. Jahrhundert auf Abenteuerreise gingen, erlitten Schiffbruch. Der Beagle-Kanal wurde von einer britischen Expedition (1826–1832) entdeckt, an der auch der junge Naturforscher Charles Darwin teilnahm. Die Meerenge trennt Feuerlands Isla Grande vom Rest der Inselgruppe, die sich nach Süden bis zum gefürchteten Kap Hoorn erstreckt. Seinen Namen erhielt der Kanal von der Brigg, in der die ersten Weißen das Gebiet erreichten; sie trafen dort auf die Yahgans, einen Nomadenstamm. Diese Eingeborenen waren Kanufischer; sie starben, wie auch die anderen ursprünglichen Bewohner Feuerlands, zum überwiegenden Teil an eingeschleppten Krankheiten, viele wurden auch bei der Landnahme von den neuen Siedlern einfach erschossen. Heute noch finden sich an zahlreichen Stellen am Ufer kleine Hügel aus Muschelschalen und Knochen, die von Yahgans zurückgelassen wurden.

(Rechts)
USHUAIA AM ENDE DER WELT

Die erste ständige Siedlung auf der Isla Grande von Feuerland war eine anglikanische Mission. Sie wurde 1870 am Beagle-Kanal gebaut und unterstand Thomas Bridges, einem Geistlichen der South American Missionary Society. Die Neuankömmlinge und die Eingeborenen verstanden sich – eine Seltenheit in jenen Tagen –, und das sogar im Wortsinn: Bridges konnte die Yahgan-Sprache und verfaßte das einzige Wörterbuch für sie. Seine unermüdliche Evangelisierungsarbeit, die wissenschaftlichen Erträge seiner Expeditionen und die Hilfe, die er Schiffbrüchigen gewährte – er brachte sie im Waisenhaus der Mission unter –, ließen ihn zum »Vater Feuerlands« werden. Die offizielle Gründung von Ushuaia, der südlichsten Stadt der Welt, folgte 1884 durch eine Expedition unter Comodore Augusto Lasserre, der den ersten Leuchtturm baute und eine Unterpräfektur einrichtete. Ushuaia, dessen indianischer Name »Bucht, die sich nach Westen öffnet« bedeutet, ist die Hauptstadt eines Territoriums, das 1990 argentinische Provinz wurde und Feuerland, die Antarktis und die südatlantischen Inseln umfaßt. Der natürliche Hafen ist ein unverzichtbarer Umschlagplatz. Ushuaia ist in den letzten Jahrzehnten aufgrund staatlicher Förderung stark gewachsen. Elektronische Komponenten werden zollfrei eingeführt, hier montiert und als »Made in Argentina« verkauft. Am Südende der Welt ist das Klima unberechenbar, mitunter können alle vier Jahreszeiten an einem Tag vorkommen. Nur wenig nördlich der Stadt, am Fuß des Martial-Gebirges, wächst der Laubbaum *lenga (Nothofagus pumilio)*, der weiter nördlich nur in größeren Höhen vorkommt, auf der Höhe des Meeresspiegels. Nicht weit von hier, an der Lapataia-Bucht, liegt ein Nationalpark, der einzige an der Meeresküste.

(Nächste Doppelseite)
WINDSTILLE AUF DEM FAGNANO-SEE

Ungewöhnlich ruhig liegt der Kami- oder Fagnano-See im Sonnenlicht. Der zweite Name geht auf den Salesianer Monsignore José Fagnano zurück und ehrt dessen missionarische und kulturelle Arbeit in Feuerland. Gewöhnlich rauht ein unablässiger Westwind die Oberfläche des Sees auf, so daß er nur wenige Tage im Jahr schiffbar ist. Dichte Wälder aus zwei südlichen Buchenarten, der *lenga (Nothofagus pumilio)* und dem immergrünen *guindo (Nothofagus betuloides)*, bedecken die tief eingekerbten Ufer des Sees. 535 von den 607 Quadratkilometern des Fagnano-Sees liegen in Argentinien, der Rest in Chile.

(Vorhergehende Doppelseite)
BIBERDÄMME IN EINEM FEUERLÄNDISCHEN FLUSS

In allen Herbstfarben leuchtet das Torfmoor im Süden der feuerländischen Isla Grande; Biber *(Castor canadensis)* haben *lenga*-Stämme gefällt und damit die Flüsse verbarrikadiert. Der Biber wurde 1940 zusammen mit der Bisamratte *(Ondatra zibethica)* eingeführt. Doch der geplante Handel mit seinen Fellen erwies sich als unrentabel. Da Biber auf Feuerland keine natürlichen Feinde habe, wurden sie schnell zur Plage. Wie das ebenfalls importierte europäische Kaninchen *(Oryctalagus cuniculus)* hat der Biber – und in geringerem Ausmaß die Bisamratte – eine verheerende Wirkung auf die Umwelt. Beispielsweise versenkten Biber ein ganzes Buchenwäldchen und zerstörten so eine Kolonie dort nistender neotropischer Kormorane.

(Rechts)
DER LAUF DES RÍO GRANDE

Argentinien teilt sich die Isla Grande mit seinem Nachbarland Chile. Durch den argentinischen Nordwesten der Insel schlängeln sich Wasserläufe zum Atlantik. Der Río Grande, wichtigster Fluß der Region, mäandert durch die Steppe. Seine Strömung erodiert jeweils ein Ufer und lagert am anderen Sedimente ab; dadurch prägen sich seine Biegungen immer stärker aus. Noch sichtbar sind die trockengefallenen früheren Flußarme. Von November bis April werden in der schnellen Strömung des Río Grande Forellen *(Salmo trutta fario)* gefischt, die zum Laichen vom Meer herkommen. Diese und andere Salmler wurden nach Argentinien gebracht, als man die Auswirkung auf die Umwelt noch nicht ahnte; sie haben die einheimischen Arten verdrängt.

(Nächste Doppelseite)
LAND DER PIONIERE

Die Missionare gingen nicht nur zum Evangelisieren »bis ans Ende der Welt« (Apg. 1,8). Später wurden einige auch Schafzüchter. Der Nationalkongreß unter Präsident Julio Argentino Roca schenkte Thomas Bridges 1886 Land im Osten Ushuaias – zum Dank für 30 Jahre Dienst. Dort gründete er Harberton, Feuerlands erste Estanzia (Großfarm). Später fand man, daß das sanft gewellte Land im Norden sich besser für Schafe eignete. Das Foto zeigt das Herz der Estanzia José Menéndez, einer Insel in einer unendlichen, einsamen Landschaft unweit von Río Grande, der wirtschaftlichen Hauptstadt Feuerlands. Die Ranch trägt den Namen ihres Gründers, der Ende des 19. Jahrhunderts aus Spanien einwanderte, um in der Neuen Welt sein Glück zu machen. Der unermüdliche Pionier baute den ersten Hafenkai, legte Gleise und Straßen an und erbaute eine moderne Fleischverpackungsfabrik. Durch Teilungen wurde die Estanzia José Menéndez auf ihre jetzige Größe von knapp 50 000 Hektar reduziert.

(Vorhergehende Doppelseite)
SCHAFZUCHT AUF FEUERLAND

Wer über die baumlose Ebene im Norden der Isla Grande fliegt, bemerkt Tausende kleiner Punkte, mit denen die Landschaft übersät ist. Feuerlands Schafe trotzen der Kälte und bleiben das ganze Jahr im Freien. Die Wolle dieser exklusiven Corriedales-Rasse gehört zu den besten der Welt. Die Schaffarmen dieser Region müssen riesig sein, denn jedes Schaf benötigt etwa 5 bis 8 Hektar Weidefläche. Das Scheren wurde früher von Farmhelfern besorgt; heute kommen wandernde Schertrupps im Dezember und Januar zu den Estanzias. Jedes Schaf gibt bis zu elf Pfund Wolle, die von den Hafen Ushuaia und Río Grande ins Ausland verschifft wird. Als um die Jahrhundertwende die erste Gefrierfleischfabrik eröffnet wurde, begann der Export von Lamm- und Hammelfleisch. Das Fleisch der freilaufenden feuerländischen Lämmer hat ein besonderes Aroma und ist weniger fett als Lammfleisch aus anderen Teilen Argentiniens. Trotzdem ist sein Absatz auf den Märkten des Landes unbedeutend, denn die meisten Argentinier schwören nach wie vor auf Rindfleisch.

(Rechts)
ZEICHEN DER EVOLUTION

Die Erdgeschichte hat Argentinien in Jahrmillionen geformt. In der Provinz Chubut haben Wind und Wetter merkwürdige Formen in das Zentralgebirge geschnitten, das nach Osten in erodiertes Tafelland übergeht.

(Nächste Doppelseite)
DER ARGENTINO-SEE, GRAB DER GLETSCHER

In der Provinz Santa Cruz hat die Quartär-Eiszeit riesige Täler rechtwinklig zu den Anden eingeschnitten. Mit Gletscherwasser gefüllt, sind sie die größten Seen des Landes. Hier münden die weißen Gletscherzungen, die von der Decke des südlichen Inlandeises herunterkommen. Wenn die Gletscher die Oberfläche der Seen erreichen, brechen enorme Brocken ab. Diese Eisberge geben dem Wasser des Argentino-Sees die milchige Farbe, die sich von dem dunkleren Blau des Regenwassers (im Vordergrund rechts) abhebt. Der Argentino-See ist das Herzstück des Nationalparks Los Glaciares und hat eine Oberfläche von fast 1000 Quadratkilometern. Um zum Upsala-Gletscher zu gelangen, der mit etwa 50 Kilometern Länge und 10 Kilometern Breite der größte dieses Gebietes ist, fährt man den Nordarm des Sees entlang. Der Perito-Moreno-Gletscher (siehe nächste Doppelseite) ist einer der wenigen noch wachsenden Gletscher der Welt. Im Unterschied zum Upsala, der nur über Wasser zu erreichen ist, kann man zu ihm auch über Land gelangen. Vor seiner spektakulären Steilwand wurde ein Ausguck mit markierten Wegen angelegt.

(Vorhergehende Doppelseite)
DER GLETSCHER PERITO MORENO

Die gigantische Masse der patagonischen Eisdecke schiebt sich nach Osten und bricht dabei in 13 große Gletscher auseinander: Viedma, Moyano, Marconi, Upsala, Agassiz, Moreno, Spegazzini, Mayo, Frías, Ameghino, Bolado, Peineta und Onelli. Der Perito-Moreno-Gletscher ist der bekannteste, auch weil er zu den wenigen noch wachsenden Gletschern der Erde gehört. Lediglich in Alaska und auf Grönland finden sich weitere. Die eisige Steilwand des Perito Moreno ist fast 5 Kilometer lang und 60 Meter hoch. Auf seinem Weg zum Lago Argentino schleppt der Gletscher Geröll mit, gut zu erkennen an den dunkleren Streifen an seinen Rändern und in der Mitte: Moränen. Da der Gletscher schneller nachfließt, als das Eis am unteren Ende abtaut, er sozusagen »wächst«, trennte er in den letzten Jahrzehnten mit seiner Eiswand den Brazo Rico, einen Teil des Lago Argentino (auf dem Bild links von der Gletscherzunge) vom Hauptsee ab. War der Eisdamm geschlossen, stieg der Wasserstand im Brazo Rico um knapp 20 Meter, der Wasserdruck wuchs, und schließlich brach die Eisbarriere mit ohrenbetäubendem Getöse zusammen. Von 1947 bis 1988 ereignete sich das Schauspiel alle paar Jahre, seither hat sich aber das Wachstum des Gletschers verlangsamt. Der Grund dafür ist noch nicht erforscht. Zum Nationalpark Los Glaciares (Gletscher-Nationalpark) gehören Teile des Lago Viedma und des Lago Argentino mit ihren Eisströmen, ein Gebiet von 600 000 Hektar. Der Park, den die UNESCO 1981 zu einem Naturerbe der Menschheit erklärte, schützt auch die subantarktischen Wälder. Hier wächst die *lenga (Nothofagus pumilio)*, die verbreitetste südliche Buche, bis zur Baumgrenze, wo Wind und Kälte ihr Wachstum verhindern. Die tiefergelegenen Hänge sind dicht bewaldet mit der immergrünen *coihue (Nothofagus dombeyi)* und dem *guindo (Nothofagus betuloides)* – Zuflucht für den *guemal (Hippocamelus bisulcus)*, eine bedrohte kleine und sehr versteckt lebende Hirschart.

(Rechts)
DER FLUSS LA LEONA IN DER PROVINZ SANTA CRUZ

Der La Leona entspringt im Viedma-See und schlängelt sich zum Argentino-See, dessen Hauptzufluß er ist. Die Ufer des 50 Kilometer langen Flusses sind von stoßzahnähnlichen Felsnadeln gesäumt – daher stammt auch sein indianischer Name *Orr-Kor*, Fluß der Zähne. Sein heutiger Name geht auf ein Ereignis im Jahr 1877 zurück: Der argentinische Entdecker Francisco Pascasio Moreno wurde am Ufer von einem Puma-Weibchen angegriffen, das er im Tagebuch seiner Reise nach Südpatagonien als »Löwin« bezeichnete. Er entkam mit knapper Not und nannte dann den Fluß, den andere Entdecker für den Río Santa Cruz gehalten hatten, »La Leona« (die Löwin). Sein Wasser ist milchig blau wie das vieler anderer Flüsse in der Region, weil es Gletscherwasser ist.

(Nächste Doppelseite)
ZUSAMMENTREIBEN DER RINDER IN DER STEPPE VON NEUQUÉN

Viehhüter treiben Hereford-Rinder, die häufigste Art in der Provinz Neuquén, über die mit Grasbüscheln bedeckte Steppe.

(Vorhergehende Doppelseite)
ÜBERQUERUNG DES RÍO CHIMEHUÍN

Die patagonische Steppe beherrscht den Südosten der Provinz Neuquén. Der Zeitpunkt für das Zusammentreiben der Rinder hängt vom Stand der Vegetation ab. In den Vorgebirgen ernährt sich das Vieh im Winter vor allem von Büscheln harter Gräser (*stipas, fescues* und *poas*) sowie von dem Doldengewächs *neneo (Mulinum spinosum)*, die auf dem steinigen und sandigen Gelände wachsen. Im Hochgebirge legt die Schneeschmelze zarte Sumpfgräser frei. Die Estanzias hier sind riesig, denn man braucht 5 bis 8 Hektar, um ein Schaf zu ernähren. In der Weite Patagoniens gehört das Pferd zu den wichtigsten Helfern des Ranchers. Auf dem Foto treiben gehorsame Pferde Rinder über den Fluß Chimehuín. Trotz der Ausdehnung der Estanzias braucht man zur Rinder- und Schafzucht wenige Arbeitskräfte. Bis in die 1960er Jahre war die Bevölkerung der Provinz vorwiegend ländlich. Heute arbeitet etwa die Hälfte der Menschen in der Hauptstadt Neuquén.

(Rechts)
MISCHWALD ZWISCHEN DEM QUILLÉN- UND DEM LÁCAR-SEE

Dank ergiebiger Regenfälle wird der Mischwald im Süden der Provinz Neuquén oft mehr als 30 Meter hoch. Bevor sie im Herbst ihre Blätter verlieren, schmücken sich *raulí (Nothofagus nervosa)* und der *roble pellín (Nothofagus obliqua)* zwischen den immergrünen *coihue (Nothofagus dombeyi)* mit allen denkbaren Rot- und Orangetönen. Dichte Wälder dieser seltenen Kombination südlicher Buchen kommen in Argentinien nur in einem schmalen Streifen im Nationalpark Lanín vor, zwischen dem Quillén- und dem Lácar-See. Wegen seiner Wasserfestigkeit wird das Holz des *roble pellín* häufig zum Bau von Booten und Landestegen am See verwendet. Auch das Holz des *raulí* ist begehrt – beide Baumarten stehen bei Sägemühlen hoch im Kurs. Die Verwaltung des Nationalparks hat das Abholzen unter strenger Kontrolle. *Coihue*-Wälder, die in zwischen 500 und 1000 Meter Höhe wachsen, umgeben die Seen der patagonischen Anden. Die Äste der mächtigen Bäume (bis zu knapp 50 Meter hoch und 2 Meter im Durchmesser) sind von kleinen gezackten und immergrünen Blättern besetzt.

(Nächste Doppelseite)
DER TRONADOR IM SOMMER

Wegen der häufig herunterstürzenden Lawinen aus Schnee und Eis heißt der Bergriese mit seinen drei Gipfeln »Donnerer«. Der Tronador liegt auf der chilenisch-argentinischen Grenze im Nationalpark Nahuel Huapi (Provinz Río Negro) und überragt mit seinen 3554 Metern seine nächsten Nachbarn um mehr als 1000 Meter. Ursprünglich hielt man ihn für einen erloschenen Vulkan, doch wird dies heute von Geologen und Bergsteigern bezweifelt. Einige Gletscher dieses Berges münden in den Fluß Manso und den Mascardi-See südlich von San Carlos de Bariloche, einem der beliebtesten argentinischen Touristenorte.

(Vorhergehende Doppelseite)
DIE GIPFEL DES CERRO CATEDRAL

Die bizarren Türme der patagonischen Kordilleren falteten sich im Tertiär auf und erhielten ihre heutige Form in späteren Eiszeiten. Einige Kilometer südwestlich von San Carlos de Bariloche (Provinz Río Negro) ragt der imposante Grat des Cerro Catedral fast 2500 Meter hoch in den Himmel. Seinen Namen verdankt der Berg seinen nadelspitzen Gipfeln, die von fern den Türmen einer Kathedrale ähneln. An seinen Hängen wurde Argentiniens erstes Skigebiet eingerichtet. Es gehört noch heute zu den wichtigsten Wintersportzentren Südamerikas.

(Rechts)
LENGA UND ÑIRE IN DEN BERGEN AM LAGO TRAFUL

Nördlich vom Lago Nahuel Huapi und rund 100 Kilometer von Bariloche entfernt liegt ein weiterer Gletschersee mit spektakulärer Umgebung. Der Traful-See erstreckt sich in einer Übergangszone auf halbem Wege zwischen den Andengipfeln und deren Vorgebirge. Da hier nur etwa 800 Millimeter Niederschläge im Jahr – und das vorwiegend im Herbst – fallen, gedeihen in dieser Region vor allem laubabwerfende Bäume. Im Herbst leuchten die Hänge kupferfarben – *lenga (Nothofagus pumilio)* und *ñire (Nothofagus antarctica)* gießen, bevor sie ihre Blätter abwerfen, ihre strahlenden Farben über die Wälder und Täler der Andenhänge Patagoniens, von der nördlichen Provinz Neuquén bis hinunter nach Feuerland. *Lenga* wächst bis hinauf zur Schneegrenze, wo der Wind und das Gewicht des Schnees ihr Wachstum behindern. Die kleinere *ñire* mischt sich mit der *lenga*, gedeiht aber auch am Rand der sumpfigen, flachen Seen. Das Reich der immergrünen Chilenischen Zeder *(Austrocedrus chilensis)* sind die Mellizas (Zwillingsseen) nördlich des Traful-Sees – der eine besitzt blaues, der andere grünes Wasser. Diese Zeder wird mehr als 30 Meter hoch und gedeiht auf relativ trockenen Hängen. Der Traful-See gehört zum mehr als 750 000 Hektar großen Nationalpark Nahuel Huapi, der bereits 1903 gegründet wurde. Damals schenkte der Entdecker und Naturforscher Francisco P. Moreno dem Staat drei Wegstunden Land (über 7000 Hektar), das ihm in Anerkennung seiner patagonischen Expeditionen in den 1870er Jahren zugesprochen worden war. Seinem Interesse an der Erhaltung der Naturschönheiten des Südens »zum besseren Genusse gegenwärtiger und künftiger Generationen« verdankt Argentinien sein erstes Schutzgebiet.

(Nächste Doppelseite)
DER TRAFUL-SEE IM HERBST

Der Herbst überzieht die Berghänge am Traful-See (Provinz Neuquén) mit leuchtenden Farben.

(Vorhergehende Doppelseite)
STÜRMISCHER HIMMEL ÜBER DER STEPPE

Ein Gewitter verfinstert die Steppe von Neuquén und schafft so einen malerischen Kontrast zwischen dem goldenen Weideland und dem silbrigen Fluß Chimehuín. 30 bis 50 Kilometer weiter westlich halten die Anden die Regenwolken auf und behindern ihren Durchzug zu den östlichen Tälern. In der Mitte des Bildes ragt die scharfe Spitze des Cerro Los Pinos einsam empor. In dieser Übergangszone schränkt der Regenmangel die Landnutzung ein. Im Unterschied zum restlichen Patagonien gibt es hier aber auch Sommergewitter; sie verursachen häufig Waldbrände.

(Rechts)
GEZEITEN AN DER HALBINSEL VALDÉS

An der Halbinsel Valdés (Provinz Chubut) wäscht die subantarktische Meeresströmung die Küste vor Punta Norte aus; ständig ändert sich hier die Form der Untiefen. An den Küsten Patagoniens kann der Tidenhub knapp 15 Meter erreichen. Die endlosen Strände und Klippen wimmeln von Kolonien lärmender Kormorane, Möwen und Pinguine. 168 verschiedene Arten von Zugvögeln und einheimischen Vögeln bevölkern dieses Gebiet.

(Nächste Doppelseite)
DIE ANKUNFT EINES RIESEN

Zu Beginn des Winters nähern sich Tiere von bis zu 16 Meter Länge und durchschnittlich 35 Tonnen Lebendgewicht der Küste Patagoniens. Es sind die Südlichen Glattwale (*Eubalaena australis*), die sich in das flache Wasser des Golfo San José zurückziehen, um sich zu paaren und ihre Kälber großzuziehen. Auf der Haut ihrer riesigen Köpfe haben sie hornige Auswüchse, die meist von Rankenfußkrebsen und Parasiten befallen sind. Anhand der unterschiedlichen Formen dieser Schwielen kann man jedes einzelne Tier identifizieren. Der Wal kann bis zu 20 Minuten tauchen; an der Wasseroberfläche planscht er und dreht Pirouetten. Da er viel Öl im Körper hat, langsam schwimmt und so leicht zu fangen ist, wurde er im 19. Jahrhundert gnadenlos gejagt. Inzwischen ist die Population dank Artenschutz wieder auf rund 4000 Exemplare angestiegen.

(Übernächste Doppelseite)
WERBUNG UND PAARUNGSVERHALTEN

Vor der Paarung in den flachen Küstengewässern helfen die Männchen dem Weibchen sich umzudrehen, damit es dann mehrere Männchen am selben Tag empfangen kann. Nach einer Tragzeit von 9 –10 Monaten kommen die Kälber zwischen Juli und Oktober zur Welt. Sie wiegen rund 2 Tonnen und sind 4 bis 5 Meter lang. Ein ganzes Jahr lang werden sie gesäugt, und zwei bis drei weitere Jahre bleiben sie im Schutz der Mutter, bevor diese sich erneut paart. Studien haben gezeigt, daß es drei verschiedene Populationen vor der patagonischen Küste gibt; jede zieht sich bis zur nächsten Paarungszeit für drei Jahre in die Südsee zurück.

(Vorhergehende Doppelseite)
DER HAREM DES SULTANS DER MEERE

Der Südliche See-Elefant *(Mirounga leonina)* kommt zur Paarung an Land auf die Halbinsel Valdés; sie ist sein einziges Paarungsgebiet auf dem Kontinent. Ab Juli besetzen die Bullen Territorien auf dem Kieselstrand und warten auf die Weibchen. Der Bulle ist bis zu 7 Meter lang und bis zu 4 Tonnen schwer; er kann seinen Rüssel aufblähen und als Resonanzkammer nutzen, um mit einem starken Schnauben dann seine Rivalen zu verscheuchen.

(Rechts)
AUCA MAHUIDA, EINE VULKANISCHE BERGKETTE

Der langsame Rückzug des Schnees im Frühling legt in den Auca-Mahuida-Bergen im Nordosten der Provinz Neuquén nackte Hänge frei. Bald wird das erste frische Grün des Jahres sprießen. Das vulkanische Massiv mit seinem beckenförmigen Krater ragt über 2000 Meter empor. Die Arauca-Indianer nannten diese Bergkette »Berg der Rebellen«; in ihrer Sprache bedeutet *auca* eigentlich »Wildpferde« und *mahuida* »Berg«.

(Nächste Doppelseite)
DER SIEGESZUG DES SCHWARZEN GOLDES

Ein Netz von Ölquellen erstreckt sich bei Puesto Hernández (Provinz Neuquén). Es ist durch eine Pipeline über die Anden hinweg mit Chile verbunden. Anfang des 20. Jahrhunderts jubelte Argentinien über die zufällige Entdeckung von Erdöl bei Comodoro Rivadavia im Südosten der Provinz Chubut. Die dann folgende Erschließung neuer Felder ließ mitten in der Wüste einige kleine Ortschaften und Städte entstehen. Die Ausbeute war jedoch damals nicht groß genug, um die Nachfrage des sich rasch entwickelnden Landes zu decken, und Argentinien mußte Rohöl einführen. Heute, in den 1990er Jahren, wird ein Überschuß des Schwarzen Goldes exportiert; außerdem lagern noch unerschlossene Reserven unter dem Festland und dem Meeresboden.

(Seite 64 – 65)
WINDSCHUTZ IM OBEREN TAL

In goldenem Herbstgewand wachen Pappeln über Obstgärten im Oberen Tal des Río Negro. Sie bieten einen guten Schutz vor dem ständigen stürmischen Wind Patagoniens. Der Río Negro, der aus dem Zusammenfluß von Río Limay und Río Neuquén entsteht, hieß bei den Arauca-Indianern *Curi Leuvú* (schwarzer Fluß). Der Río Negro fließt durch ein über 19 Kilometer breites Tal zum Atlantik. Vor mehr als 100 Jahren bauten Siedler aus anderen Teilen Argentiniens und aus dem Ausland einen Damm, um einen Bewässerungskanal zu speisen. Inzwischen ist durch Bewässerung mitten in der Wüste Argentiniens bestes Gebiet für intensive Landwirtschaft entstanden – ein Streifen von rund 200 Kilometern Länge und insgesamt etwa 150 000 Hektar Größe. Hier werden Äpfel, Birnen, Pflaumen, Wein und verschiedene Gemüsesorten angebaut. Weiter flußaufwärts gelegene Dämme mit Wasserkraftwerken liefern die notwendige Energie und regulieren den Wasserstand.

(Vorhergehende Doppelseite)
DIE MATTBRAUNEN FELSENSPITZEN VON LONCOPUÉ

In einem trockengefallenen Flußbett westlich von Loncopué (Provinz Neuquén) findet sich diese merkwürdige uralte Gesteinsformation, die an ein Skelett erinnert. Diese seltsamen Gruppen mattbrauner Felsenspitzen sind durch Winderosion entstanden.

(Rechts)
DAS HERZ EINER ESTANZIA IN BAHÍA CAMARONES

In der letzten Phase der sogenannten Eroberung der Wüste, zwischen 1879 und 1884, vertrieben und ermordeten argentinische Truppen die hier als Nomaden lebenden Indianervölker; mehr als eine Dreiviertelmillion Quadratkilometer Land wurden so in Patagonien für die neuen Siedler zugänglich gemacht. Diese pflanzten natürliche Windbrecher, legten Felder und Obstgärten an und brachten die ersten Schafe mit sich. Heute finden sich zahlreiche Schaffarmen in der patagonischen Meseta. Feine Merinowolle, die für Qualitätsstoffe verwendet wird, liefern die Schafe in Chubut, die sich von Gras- und Dornenbüschen ernähren und unablässigem Wind ausgesetzt sind. Schafzucht bringt jedoch wenige Arbeitsplätze; viele junge Leute verlassen daher das Binnenland und arbeiten an der Atlantikküste in Fischereihäfen oder Fabriken, die Algen verarbeiten.

(Nächste Doppelseite)
TOMATENPFLÜCKEN IN LUJÁN DE CUYO

Erntezeit in Luján de Cuyo (Provinz Mendoza). Tomaten und anderes Gemüse gleichen die Wechselfälle des Weinbaus aus, dem wichtigsten Wirtschaftsfaktor in dieser Provinz. Unablässig brennt die Sonne über der sandigen und steinigen Wüste, die sich vom Fuß der Berge nach Osten dehnt; die jährliche Niederschlagsmenge liegt unter 300 Millimeter. Doch Flüsse, die im ewigen Schnee entspringen, bringen Wasser und machen das Herz der trockensten Region Argentiniens zu einer Oase. Der wichtigste unter diesen Flüssen, der Mendoza, liefert durch das Wasserkraftwerk in Cacheuta auch Strom. Die meisten Einwohner der Provinz, die Mendocinos, die zumeist in Städten wohnen, arbeiten im Gemüse- und Obstanbau; auch Weingüter und Konservenfabriken beschäftigen viele Einwohner.

JCB
JCBPRODUAR S

INCA

(Vorhergehende Doppelseite)
HERBST IN DEN WEINGÄRTEN VON MENDOZA

Bewässerung und das trockene Klima machen die Provinz Mendoza zum wichtigsten Weinbaugebiet Argentiniens. Das Verbot des Rebenanbaus, das der spanische König ausgesprochen hatte, kümmerte die ersten Siedler wenig. Bereits 1561 führten sie Reben aus Chile ein. Schon damals war ihnen die Bedeutung der Bewässerung klar, und sie bauten die ersten Dämme nach dem System der eingeborenen Huarpe-Indianer, die ihrerseits Inka-Techniken kopiert hatten. Drei Jahrhunderte später, kurz nachdem 1861 ein Erdbeben die Provinzhauptstadt Mendoza zerstört hatte, bekam sie einen Eisenbahnanschluß. So erreichte 1884 der unaufhaltsame Strom von Einwanderern auch Argentiniens westliche Provinzen San Luis, San Juan und Mendoza. Unter den Immigranten waren auch Winzer aus Spanien, Frankreich und Italien, die ihre Anbaugeheimnisse mitbrachten. Der Wein aus Mendoza ist inzwischen weltbekannt, und die Mendocinos feiern am Ende jedes Sommers ein nationales Wein-Erntedankfest.

(Rechts)
DIE SIERRAS VON SAN JUAN

Es gibt noch Gegenden in Argentinien, wo eine einsame Straße die einzige Spur des Menschen ist. In den öden, trockenen Bergen der Provinz San Juan sind Straßen eine Seltenheit. Sie verbinden einzelne unerwartete Oasen – Weinberge, Olivenhaine und Obstgärten –, die mit Oberflächenwasser und aus tiefen Brunnen bewässert werden. In solch verlorenen Gegenden kann sich der Reisende auf die Difunta Correa verlassen, eine Volksheilige, die seit 100 Jahren in ganz Argentinien verehrt wird. Sie war, ihrem Ehemann folgend, in der Wüste verdurstet. Als man ihren Leichnam fand, lag ihr kleiner Sohn an ihrer Brust. Man hielt ihn zunächst ebenfalls für tot, doch hatte die Muttermilch gereicht, um das Kind überleben zu lassen. Wo man die beiden fand, wurde eine Kapelle errichtet, und heute ist der kleine Ort Vallecito – südöstlich der Provinzhauptstadt San Juan – ein sehr populärer Wallfahrtsort. In der Kapelle dort und auch in den vielen Gebetsstellen an den einsamen Überlandstraßen Argentiniens opfert man vor allem Flaschen mit Wasser, um den ewigen Durst der Heiligen zu stillen.

(Nächste Doppelseite)
ISCHIGUALASTO, DAS TAL DES MONDES

In dieser Senke im Nordosten der Provinz San Juan haben die trockene Luft und das große Temperaturgefälle zwischen Tag und Nacht, unterstützt durch Wasser- und Winderosion, eine Mondlandschaft geschaffen. Hier hebt sich eine Fülle merkwürdiger, bizarrer Formen vor dem vielfarbigen Hintergrund kahler Steilhänge ab. Die seltenen, aber heftigen Sommerregen lösen Erdrutsche aus, die zuvor vom Wind gelockerte Steine mitreißen, so daß sich die Umrisse der Sandsteinberge ständig ändern. Das Tal des Mondes hält den Weltrekord in Fossilien aus der Trias – in dieser Periode der Erdgeschichte war die Region ein von Dinosauriern bevölkerter tropischer Sumpf.

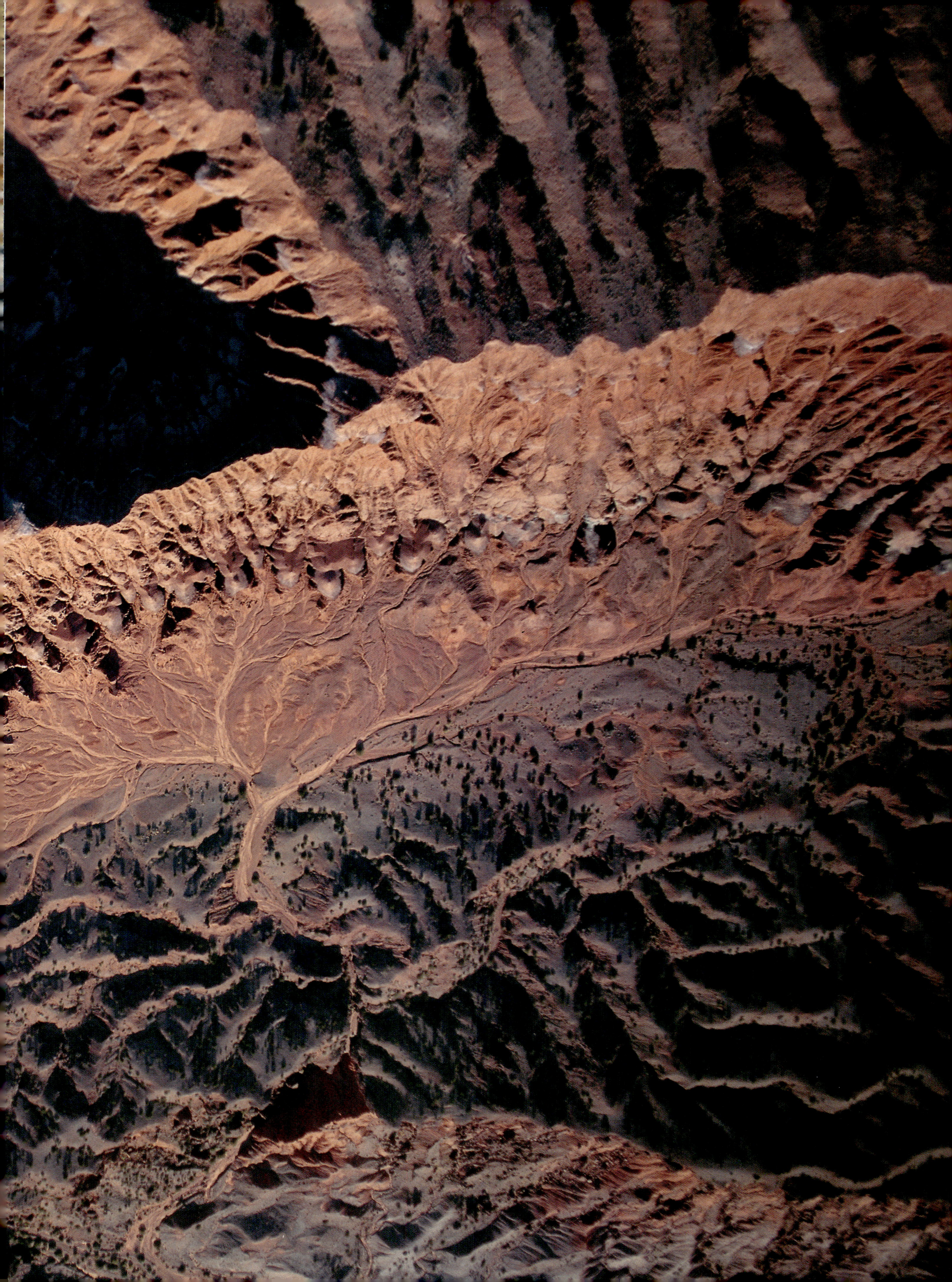

(Vorhergehende Doppelseite)
ZUCKERERNTE IN TUCUMÁN
Mehr als die Hälfte des argentinischen Zuckerrohrs wird in der Provinz Tucumán angebaut, wo der gleichmäßige Niederschlag eine Bewässerung unnötig macht. Auf dem Foto sind die verschiedenen, oft sehr kleinen Farmen leicht zu erkennen – man braucht nur auf den unterschiedlichen Stand der Ernte zu achten. Bevor die Erntemaschinen ihre Arbeit beginnen, werden die Felder in Brand gesetzt, um die trockenen Blätter abzusengen. In Mühlen werden dann die blattlosen Stengel ausgepreßt, um Rohstoff für die Herstellung von Zucker, Papier und Alkohol zu gewinnen. Den Hauptteil des Zuckerrohrs von Tucumán produzieren Tausende kleiner Farmer, die direkt an die Mühlen vermarkten. Die Mechanisierung des Anbaus hat das Kommen und Gehen von Wanderarbeitern aus Nachbarländern drastisch reduziert. Wegen des Preisverfalls auf dem internationalen Zuckermarkt gehört Tucumán heute zu den ärmeren Provinzen, und viele Farmer haben sich inzwischen auch auf den Anbau von Zitronen und Sojabohnen umgestellt.

(Rechts)
DIE RUINEN VON TASTIL
Archäologische Funde im Nordwesten Argentiniens bezeugen die reichen Kulturen der Ureinwohner. Fährt man von der Provinzhauptstadt Salta nach Westen in Richtung San Antonio de los Cobres, gelangt man nach etwa 100 Kilometern Fahrt durch sanft gewelltes Land zu den Überresten einer ehemals riesigen Siedlung. Die Ruinen von Tastil bilden ein Labyrinth aus Umfriedungen, Straßen und offenen Plätzen. Aufgrund der gefundenen Keramik und der Lage auf einem Hügel wird die Gründung des Ortes auf einen späten Zeitpunkt datiert – er entstand wohl zwischen 1000 und 1450. Unterschiede in den Wohnhäusern und bei den Grabbeigaben deuten auf eine ausgeprägte Klassengesellschaft hin. Stücke der gleichen Keramik, die an anderen Orten gefunden wurden, beweisen Kontakte mit anderen Kulturen vor der Ankunft der Inkas. Als diese um 1460/70 kamen, war die Siedlung rätselhafterweise schon aufgegeben worden.

(Nächste Doppelseite)
DIE WÄLLE VON TALAMPAYA
Heiße Tage und kalte Nächte beschleunigen die Erosion der rund 100 Meter hohen Felswälle von Talampaya (Provinz La Rioja). Periodisch auftretende Wasserläufe graben sich in die rötlichen Schichten der erodierten Hänge; so entstehen tiefe Schluchten, in denen das Wasser des Sommerregens innerhalb von Stunden versickert. Die Trockenheit wird noch schlimmer, wenn der heiße Wind *zonda* weht und den Sandstein der Steilhänge zu einzigartigen Formen schleift. Talampaya hat die gleiche geologische Geschichte wie das nahegelegene Valle de la Luna (Tal des Mondes) und ist ebenfalls ein wichtiger Fundort für Fossilien aus der Trias. Relativ jung sind die Tier- und Menschenbilder, die zu Hunderten auf die Steilwände gezeichnet wurden. Diese Figuren gehen wohl auf präkolumbische Kulturen zurück.

(Vorhergehende Doppelseite)
KARGE WEIDE IN DER PUNA

Wenig Regen, schneidende Winde und große Temperaturunterschiede zwischen Tag und Nacht kennzeichnen die Puna. Das Quechua-Wort Puna bezeichnet das Hochland, das zwischen 3000 und 3500 Meter über dem Meeresspiegel liegt. Weite Teile der Provinzen Salta, Jujuy, Catamarca, San Juan und La Rioja gehören zu dieser Großlandschaft, die sich im Norden nach Bolivien fortsetzt. Die Puna hat sich im Tertiär erhoben; sie ist eine lebensfeindliche trockene Hochlandregion mit großen Salzseen, umgeben von Berggipfeln und Vulkanen. Die wenigen hier lebenden Hochlandindianer sind arm; sie ernähren sich mühsam von der Viehzucht mit Ziegen, Lamas und Schafen, die von dem wenigen Gras riesiger Weidegebiete kaum satt werden. Viele Männer arbeiten vorübergehend in den Bergwerken, während Frauen und Kinder die Tiere versorgen, weben oder Tauschhandel treiben.

(Rechts)
FARBIGE STREIFEN IN DER SCHLUCHT VON HUMAHUACA

Leuchtende Farbstreifen zeigen in den Bergen des Humahuaca-Cañons (Provinz Jujuy) die geologischen Gesteinsschichten und Altersstufen des Gebirges an. Im Sommer lockern Regengüsse die weichsten Sedimentschichten und lösen Lawinen aus Schlamm und Felsbrocken aus, die oft Häuser und Straßen verschütten; die Einheimischen nennen sie *volcanes* (Vulkane). Ihr Getöse ist meilenweit zu hören. Der schnellfließende, von Norden kommende Río Grande hat diese farbenprächtige Schlucht gegraben. Im 16. Jahrhundert kamen spanische Eroberer von Peru hierher und nutzten diesen natürlichen Korridor zwischen den Bergen, um die ersten Städte in Argentiniens Nordwesten zu gründen.

(Nächste Doppelseite)
KREIDIGE PASTELLTÖNE IM NORDWESTEN

Die Berge der östlichen Gebirgskette der Anden (Cordillera Oriental) in der Nordwestecke Argentiniens (Provinzen Jujuy und Salta) sind von den Cañons Humahuaca und Santa María de Guachipas durchschnitten. Die höchsten Gipfel im Westen liegen unter ewigem Schnee und heißen deshalb *nevados* (die Schneebedeckten). Zu ihnen gehören der Chañi (6200 Meter) und der Acay (5950 Meter). Gegen Osten werden die Berge flacher und verlieren die Schneedecke. Hier überragen der Tilcara und der Santa Victoria die Landschaft mit ihren kreidigen Pastelltönen.

(Vorhergehende Doppelseite)
DIE FARBEN DER EROSION

Der tief eingegrabene Humahuaca-Cañon verläuft über eine Strecke von rund 150 Kilometern von Norden nach Süden; er beginnt in dem winzigen Dorf Tres Cruces, etwa 30 Kilometer nördlich der Kleinstadt Humahuaca, auf 3700 Meter Höhe und endet bei León, unweit von San Salvador de Jujuy (auf etwa 1500 Meter). Mehrere Flüsse aus Nebentälern münden in den Río Grande, der die Schlucht durchfließt. Heftige Regengüsse im Sommer lassen das Gestein der Berghänge erodieren und spülen auch größere Gesteinsbrocken ins Tal. Die so freigelegten Sedimentschichten schmücken die zerklüfteten Seiten des Cañons mit ihren mitunter leuchtend bunten Farben.

(Rechts)
AM EINGANG DES TORO-CAÑONS

Vom Ostrand der Puna windet sich schwindelerregend der Toro-Cañon hinab zum Lerma-Tal, an dessen Ende die Provinzhauptstadt Salta, genannt »la linda« (die Schöne), liegt. Auch hier erodiert das wechselhafte Wetter mit heißen Tagen und kalten Nächten die Sedimentschichten der Berge, deren Hänge mit Geröll bedeckt sind. Roter Sandstein wird in den Rinnen sichtbar, die der Sommerregen reißt, wenn er loses Gestein hinab zum Boden der Schlucht spült. Mit dem *tren a las nubes* (Zug in die Wolken) kann der Reisende an der steilen Flanke des Cañons empor und an den Gipfeln der östlichen Cordillera vorbei bis zum letzten Bahnhof auf der Puna fahren. Unterwegs passiert er den höchsten Punkt: den 4220 Meter hoch gelegenen Eisenbahnviadukt La Polvorilla.

(Nächste Doppelseite)
ACKERFURCHEN

Die nordöstliche Provinz Misiones hat ihren Namen von der Missionstätigkeit der Jesuiten, die hier bis 1767 wirkten. Dann wurden sie von der spanischen Krone aus deren Territorien vertrieben. Reste ihrer Siedlungen, der sogenannten Reduktionen, sind aber noch heute erhalten. Die subtropische Provinz ist flach, aber die niedrigen Berge in ihrer Mitte bilden dennoch eine Wasserscheide. Die wasserreichen Flüsse münden entweder im Osten in den Río Uruguay oder im Westen in den Río Paraná. In Misiones werden neben Yerba-Mate auch Reis, Tee, Tabak und Tung, eine Pflanze, aus der Öl für Lacke gewonnen wird und die ursprünglich aus China stammt, angebaut. Vor der Aussaat werden zwischen breiten Streifen unbebauten Bodens Furchen gezogen. Mit dieser Technik, die das Land in ein Mosaik verwandelt, beugen die Bauern von Misiones der Bodenerosion vor.

(Vorhergehende Doppelseite)
PROFILE DER PAMPA-BERGE

Im Herzen Argentiniens erodieren Wind und Wasser das uralte Gestein der Pampa-Gebirge und füllen die Senken mit Geröll. Die Auffaltung der Anden formte diesen Wechsel von Höhenzügen und Becken, der die Provinzen Tucumán, Catamarca, La Rioja, San Juan, San Luis, Córdoba und Santiago del Estero prägt. Im Nordwesten werden die abgeflachten Gipfel höher; mit dem Nevado Aconquija erreichen sie fast 5500 Meter. Viele der Flüsse, die hier entspringen, versiegen in Salzpfannen. Die anderen münden in größere Flüsse wie den Río Primero. Mit dem San-Roque-Staudamm nutzt man den Fluß zur Bewässerung des Umlandes und produziert gleichzeitig Strom.

(Rechts)
PURMAMARCA UND DIE SIEBEN FARBEN

Der Humahuaca-Cañon ist von hohen Gipfeln wie von einem soliden Bollwerk eingefaßt. Doch an manchen Orten schlängeln sich aus schmalen Seitentälern zwischen den kahlen Felsen Flüsse hindurch und schaffen kleine bewohnbare Nischen. An solch einer Stelle liegt das malerische Dorf Purmamarca. Das unerwartete Grün seiner Bäume und Gärten hebt sich vor dem rötlichen Hintergrund erodierender Hänge ab. Die einfachen Häuser aus luftgetrockneten Ziegeln und Holz stehen um die Kirche, deren makelloses Weiß mit dem Cerro de los Siete Colores kontrastiert – dem Berg der Sieben Farben. Die Dächer der Häuser und der Kirche haben Sparren aus Rohr oder Kaktus und sind mit einer dicken Kieselschicht regendicht gemacht. Am Dorfplatz treffen die ungepflasterten Straßen aufeinander. Hier findet der Kunsthandwerkermarkt statt, interessant für Einheimische und Fremde.

(Nächste Doppelseite)
PURMAMARCA,
JAHRHUNDERTEALTE TRADITIONEN

Einige Meilen nördlich der Provinzhauptstadt San Salvador de Jujuy leiten die Einwohner von Purmamarca mit indianischen Techniken, die schon vor der Ankunft der Eroberer üblich waren, Wasser auf ihre terrassenförmig angelegten Felder. Alle Familienmitglieder kümmern sich um diese winzigen Oasen – schließlich leben die meisten Familien von der Landwirtschaft und dem Kunsthandwerk. Das Wissen wird mündlich überliefert, und zwar durch die »Großväter«, die Dorfältesten. Sie werden von allen geachtet, denn sie verkörpern das lebendige Erbe ihrer Kultur. Die Menschen von Purmamarca haben die Kultur der spanischen Eroberer mit ihrer eigenen indianischen verbunden. Besonders bei ihren Festen wird das deutlich. Jedes Jahr Anfang August opfern sie der Erdmutter Pachamama ihre besten Nahrungsmittel, und am 30. August feiern sie das Fest der Santa Rosa de Lima, der Schutzheiligen des Dorfes.

(Vorhergehende Doppelseite und rechts)
TROCKENE FLUSSBETTEN

Tief eingekerbte enge Flußbetten zeichnen die Cañons im Nordwesten Argentiniens aus. Entlang den Flüssen finden sich Siedlungen in den Tälern, und Straßen sowie früher die Eisenbahn folgten diesen natürlichen Vorgaben. In den Sommermonaten läßt der Regen kleine Rinnsale in wenigen Stunden zu einer Flut anschwellen (rechts im Vordergrund auf dem Foto der vorhergehenden Seite sieht man die Mauern, die die Straße vor Überschwemmung schützen). In den übrigen Monaten werden die trockenen Flußbetten mitunter auch als Landstraßen genutzt. Eine Fülle von Festen für die Schutzheiligen der Dörfer bietet den Cañon-Bewohnern Gelegenheit zu Besuchen und Einkäufen. Gewebte Stoffe und andere selbst produzierte Waren werden auf Maultiere geladen und dann gegen Güter getauscht, die auf dem eigenen Markt nicht erhältlich sind.

(Nächste und übernächste Doppelseite)
DIE IGUAZÚ-FÄLLE

Gischt steigt auf, wo das Wasser des Río Iguazú 70 Meter tief in den Teufelsrachen (Garganta del Diablo, übernächste Doppelseite) und über Hunderte weitere steile Wasserfälle stürzt. Der Legende nach wurden die Fälle von einem Gott geschaffen, der zwei Liebende an der Flucht hindern wollte. Die Tochter eines Indianerhäuptlings, die den Fluß mit ihrer Schönheit gezähmt hatte, war mit dem Gott verlobt worden; doch kurz vor ihrer Hochzeit floh sie mit ihrem sterblichen Liebsten in einem Kanu. Der wütende Gott senkte das Bett des Flusses ab, der das Paar für alle Ewigkeit verschlang. 1541 entdeckte der Spanier Álvar Núñez Cabeza de Vaca auf dem Weg nach Asunción als erster Europäer die Fälle. Das Donnern des stürzenden Wassers war weithin zu hören gewesen. Er benannte die Fälle nach der Jungfrau Maria, aber der Name setzte sich nicht durch; statt dessen heißen sie heute Iguazú – »Großes Wasser« bedeutet das in der Sprache der hier lebenden Guaraní-Indianer. Die Iguazú-Fälle bilden einen mehr als zweieinhalb Kilometer langen Bogen im Fluß, und einer der Fälle, der Unión, markiert die Grenze zu Brasilien. Etwas mehr als 20 Kilometer flußabwärts vom Teufelsrachen mündet der Iguazú in den Paraná. Die Fälle und der sie umgebende subtropische Regenwald sind Teil eines 55 000 Hektar großen Nationalparks, der 1984 von der UNESCO in die »Liste des Weltkultur- und Naturerbes der Menschheit« aufgenommen wurde.

(Rechts)
TEEPLANTAGE IN CORRIENTES

Teesträucher bilden ein ungewöhnliches Muster auf den sanften Hügeln des Nordostens in der Provinz Corrientes. Tee ist eine edle, widerstandsfähige Pflanze, sie gedeiht hier gut dank des subtropischen Klimas mit viel Regen und wenig Frost. In der abgebildeten Plantage Las Marías wird neben Tee Yerba-Mate angebaut, das Lieblingsgetränk der Menschen am Rio de la Plata. Die Ernte des Tees im Sommer und des Mate im Winter sind die Höhepunkte im jährlichen Produktionszyklus. Die besten Pflanzen werden ausgewählt und anschließend per Klonierung vermehrt. Die Argentinier sind keine großen Teetrinker; sie sind an Assam gewöhnt, der in den ersten Jahrzehnten des 20. Jahrhunderts aus Indien eingeführt wurde.

(Nächste Doppelseite)
DER ROTE RÍO URUGUAY

Etwa 2000 Millimeter Regen fallen jährlich auf den sehr eisenhaltigen, bewaldeten Boden der Provinz Misiones. Diese Niederschlagsmenge, verstärkt durch willkürliche Abholzung und Landrodung für den Ackerbau, führen zu Bodenerosion, die Bäche und Flüsse rot färbt. In den aufgrund von Raubbau immer kleiner werdenden noch unberührten Gebieten subtropischen Waldes wachsen mehr als 100 verschiedene Baumarten. Einige von ihnen werden in ihrem Konkurrenzkampf um Sonnenlicht fast 35 Meter hoch. Zu den Bäumen der Region gehören die Misiones-Zeder *(Cedrela tubiflora)*, der *lapacho negro (Tabebuia ipe)*, der *palo rosa (Aspidosperma polyneuron)*, der als »Monument der Provinz« bezeichnet wird, die Pindó-Palme *(Syagrus romanzoffianum)* und der *palmito (Euterpe edulis)*. Der *palmito* ist besonders bedroht: Er stirbt, wenn seine Apikalknospe geerntet wird. Diese reicht gerade aus, um eine einzige Dose Palmenherzen zu füllen – eine teure Delikatesse. Farbenprächtige epiphytische Orchideen finden sich überall unter dem Dach des Waldes, das außerdem rund 400 Vogelarten beherbergt – ein Drittel aller im Lande vorkommenden Vogelarten.

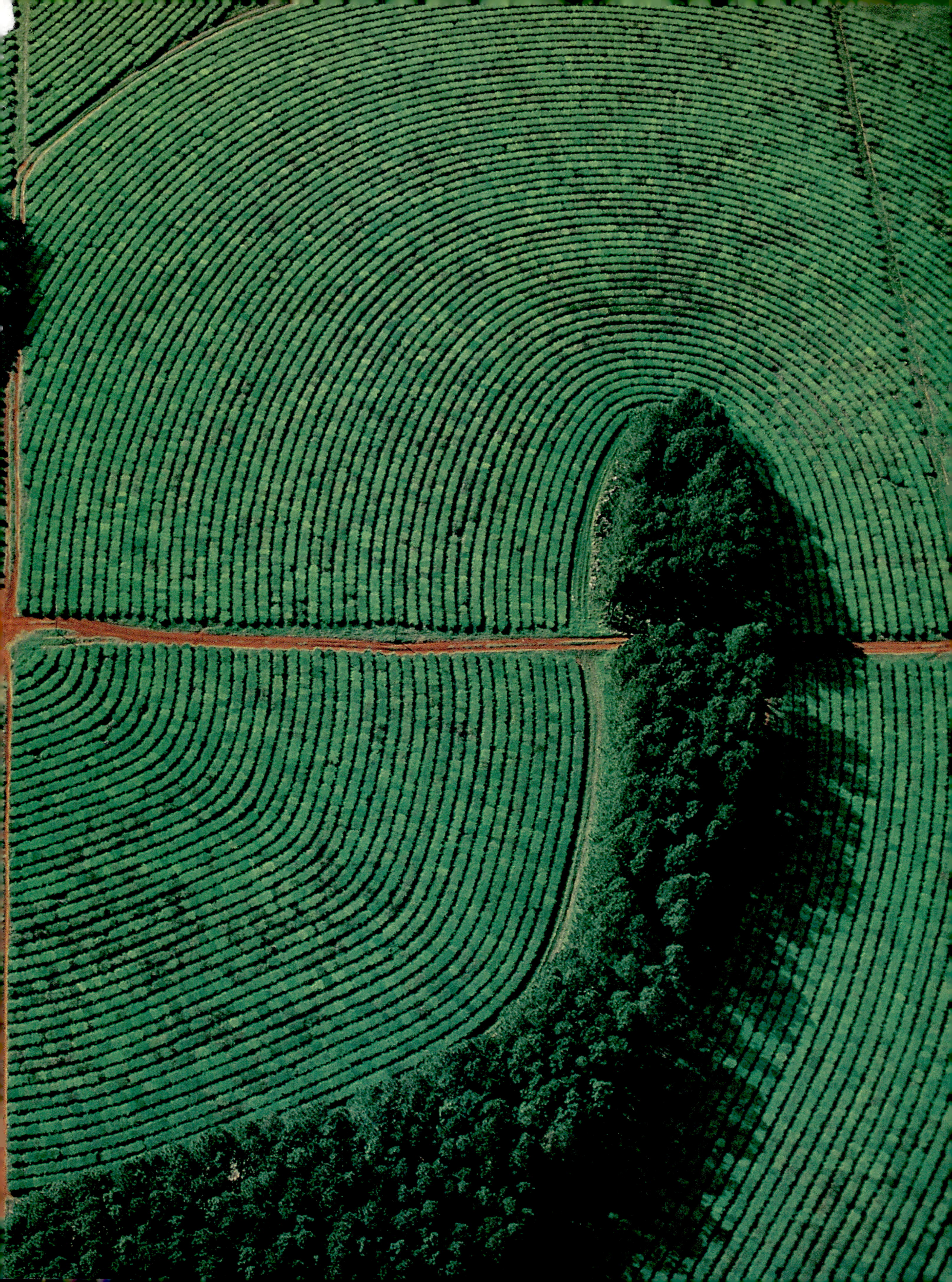

(Vorhergehende Doppelseite)
AUSSENPOSTEN EINER ÜBERFLUTETEN ESTANZIA

Der Südostwind *sudestada* verhindert den normalen Abfluß des Wassers an der Mündung des Río de la Plata; er drängt die Wassermassen ins Land zurück und läßt so den Wasserstand dramatisch ansteigen. Das Land im Süden der Provinz Entre Ríos wird überflutet, und aus dem riesigen See, der Tausende und Abertausende von Hektar bedeckt, ragen kleine Inselgruppen empor. Manche sind Außenposten von Viehfarmen, die gewöhnlich etwas erhöht stehen, damit man von dort aus über das Land wachen kann. Ausgezeichnete Weiden und milde Winter machen diese Region ideal für Rinderzucht und Rindermast. Die Kreuzung britischer Rassen mit anderen wie Brahmanen und Zebus hat sich für feuchte Regionen mit hohen Temperaturen und vielen Parasiten bewährt.

(Rechts)
EUROPÄISCH INSPIRIERTE ESTANZIA IN DER PAMPA

Vor 400 Jahren streiften riesige Herden verwilderter europäischer Rinder über die Pampa; dabei zertrampelten und entwurzelten sie das harte Gras und förderten so die Fruchtbarkeit dieser legendären Ebene. Zu Beginn des 20. Jahrhunderts war Argentinien reicher Exporteur von Rindfleisch und Getreide. Der nüchterne und dennoch prunkvolle spanische Stil der Hauptgebäude von Arroyo Dulce in Pergamino (Provinz Buenos Aires) im Herzen einer getreideproduzierenden Region der feuchten Pampa ist typisch für den Geschmack einstiger argentinischer Gutsherren an europäischen Vorbildern.

(Nächste Doppelseite)
IM DELTA DES PARANÁ

Etwa 300 Kilometer vor seiner Mündung in den Río de la Plata beginnt das Delta des Paraná, eines der größten Flußdeltas der Welt. Von hier aus zerfranst sich der durch die Menge der Sedimente, die sein Wasser dunkel färben, behäbig gewordene Fluß in ein feinverzweigtes Netz von Bächen und kleineren Flußläufen, die von unzähligen Inseln durchsetzt sind. Unter diesen Inseln sind die Lechiguanas die wichtigsten. Einige Flußarme – der Paraná Guazú, der Paraná Miní und der Paraná de las Palmas – werden in der Nähe von Buenos Aires für Wassersport und Wochenendausflüge genutzt. Hier finden Freizeitvergnügen statt, anders als auf dem Hauptstrom – schließlich ist der Fluß bis zur Hafen- und Industriestadt Rosario auch für große Schiffe befahrbar.

Panasonic
CARTA FRANCA
CABAL
banco credicoop
Marlboro
Marlboro
LUNCHEON
LT
TICKETS
El nombre
de los Tickets.

HITACHI
CITIZEN
paddle
ALFEX

(Seite 120 – 121)
BUENOS AIRES, DIE GROSSE METROPOLE

Buenos Aires, Argentiniens Hauptstadt seit 1880, betrachtet sich nahezu selbstverliebt im »löwenfarbenen« Wasser des Río de la Plata. Die 200 Quadratkilometer große Stadt mit ihren vielen Lichtern ist der absolute politische, wirtschaftliche und kulturelle Mittelpunkt des Landes. Ein Ring aus 19 Vorstädten mit selbständiger Verwaltung umgibt den Hauptstadtbezirk und erweitert die Stadt zu einer Metropole, in der insgesamt 11 Millionen Menschen leben. Weit im Nordwesten der Stadt, nahe dem nationalen Flughafen Jorge Newberry, liegt der Angelklub (im Vordergrund) auf einer in den Río de la Plata vorgebauten Mole, dann folgen zunächst Parks, Freizeitanlagen und Grünflächen, ehe man sich endlich dem Herzen der Metropole nähert.

(Vorhergehende Doppelseite)
DAS HERZ VON BUENOS AIRES

Das absolute Zentrum der argentinischen Hauptstadt markiert der hell im Abendlicht leuchtende Obelisk. Das 67,5 Meter hohe Monument an der Kreuzung der Avenidas Corrientes und 9 de Julio wurde 1936 zum 400. Jahrestag der Stadtgründung errichtet. Um seinen Sockel, umgeben von nüchternen Bauten aus dem frühen 20. Jahrhundert und brandneuen Wolkenkratzern, herrscht ein Verkehrschaos: Schließlich besitzt die Avenida 9 de Julio fünf Fahrspuren in jede Fahrtrichtung – ein Alptraum für jeden Fußgänger. Die Avenida Corrientes ist dagegen eine der wichtigsten Flanierstraßen in Buenos Aires. Hier finden sich große Theater, Kinos, Restaurants und Bars.

(Rechts)
DER RECOLETA-FRIEDHOF, EINE MINIATURSTADT

Aus Gründen der Hygiene und Volksgesundheit wurde 1832 im damaligen Randgebiet Barrio Norte ein Friedhof für Buenos Aires angelegt. Das Grundstück für diese heutige Miniaturstadt war der Küchengarten eines Klosters, das ein Jahrhundert zuvor neben der Kirche der Pilar von Mönchen gebaut worden war. Heute ist der Friedhof von schicken Restaurants und Bars umringt – Recoleta gilt nämlich als eines der attraktivsten Wohnviertel der Stadt. Auf dem Friedhof ruhen innerhalb dicker Mauern die sterblichen Überreste vieler berühmter und besonders der reichen Argentinier.

(Nächste Doppelseite)
MAR DEL PLATA IN DER HOCHSAISON

1875 schenkte Patricio Peralta Ramos, ein Rancher und Besitzer von Salzlagerstätten, der Provinz Buenos Aires Land direkt an der Atlantikküste, damit sie dort ein Seebad im europäischen Stil gründen konnte. Mar del Plata war in seinen Anfangszeiten eine exklusive Sommerfrische, wurde aber in den 1950er Jahren populärer und ist heute ein absolutes Massenziel. Jeden Sommer ziehen seine kilometerlangen Strände, die Hotels, die guten Restaurants mit frischen Meeresprodukten und sein Spielkasino über 3 Millionen Besucher an.

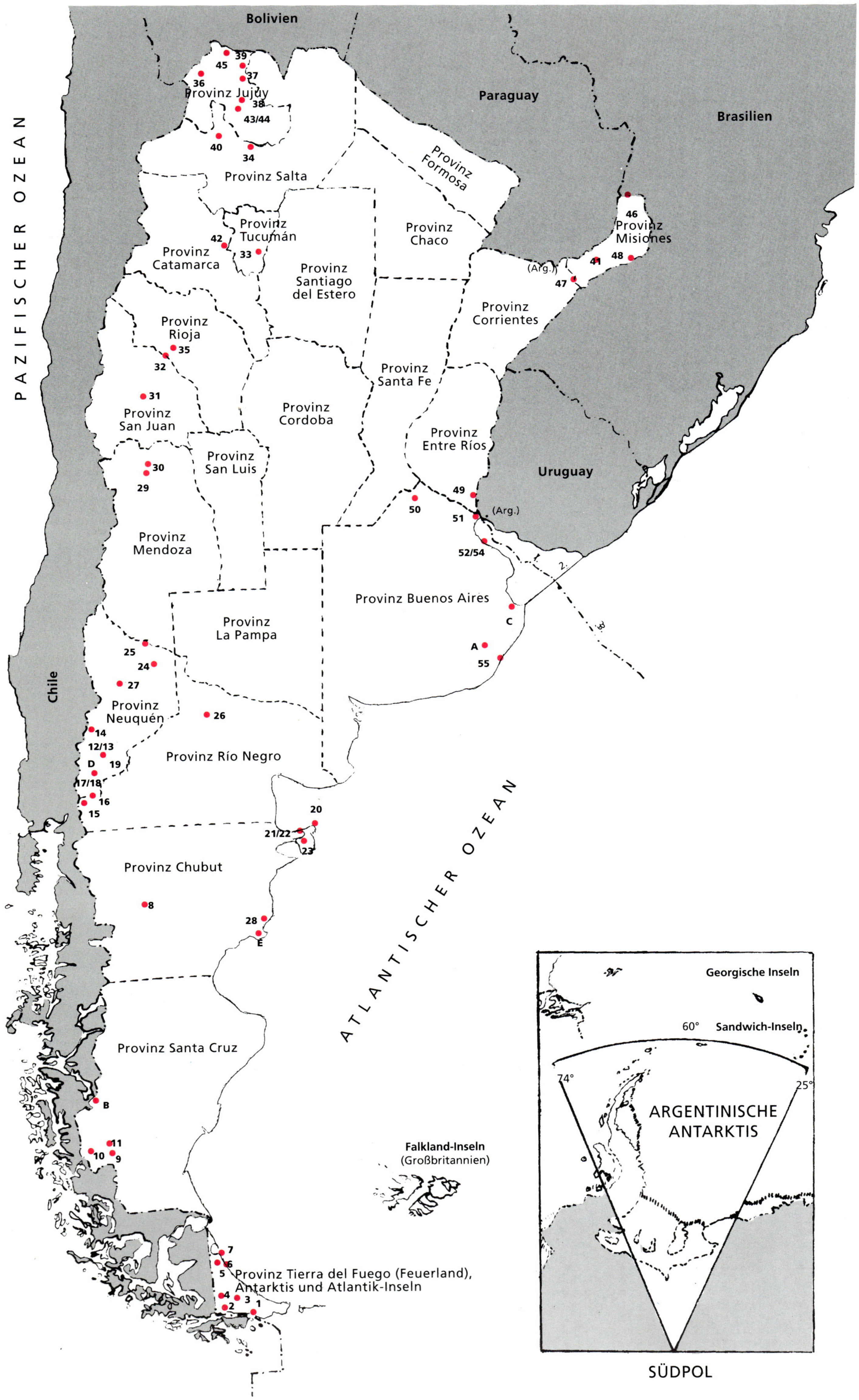

AUFNAHMEORTE

A Ein romantisches Bekenntnis *(S. 1)*
B Monte Fitz Roy *(S. 2 – 3)*
C Das Wildreservat Campos del Tuyú *(S. 6 – 7)*
D Der Kondor fliegt über das Encantado-Tal *(S. 8)*
E Horno-Meeresarm im Golfo San Jorge *(S. 10)*
1 Die Wasser des Beagle-Kanals *(S. 14 – 15)*
2 Ushuaia am Ende der Welt *(S. 16 – 17)*
3 Windstille auf dem Fagnano-See *(S. 18 – 19)*
4 Biberdämme in einem feuerländischen Fluß *(S. 20 – 21)*
5 Der Lauf des Río Grande *(S. 22 – 23)*
6 Land der Pioniere *(S. 24 – 25)*
7 Schafzucht auf Feuerland *(S. 26 – 27)*
8 Zeichen der Evolution *(S. 28 – 29)*
9 Der Argentino-See, Grab der Gletscher *(S. 30 – 31)*
10 Der Gletscher Perito Moreno *(S. 4 – 5 und 32 – 33)*
11 Der Fluß La Leona in der Provinz Santa Cruz *(S. 34 – 35)*
12 Zusammentreiben der Rinder in der Steppe von Neuquén *(S. 36 – 37)*
13 Überquerung des Río Chimehuín *(S. 38 – 39)*
14 Mischwald zwischen dem Quillén- und dem Lácar-See *(S. 40 – 41)*
15 Der Tronador im Sommer *(S. 42 – 43)*
16 Die Gipfel des Cerro Catedral *(S. 44 – 45)*
17 Lenga und Ñire in den Bergen am Lago Traful *(S. 46 – 47)*
18 Der Traful-See im Herbst *(S. 48 – 49)*
19 Stürmischer Himmel über der Steppe *(S. 50 – 51)*
20 Gezeiten an der Halbinsel Valdés *(S. 52 – 53)*
21 Die Ankunft eines Riesen *(S. 54 – 55)*
22 Werbung und Paarungsverhalten *(S. 56 – 57)*
23 Der Harem des Sultans der Meere *(S. 58 – 59)*
24 Auca Mahuida, eine vulkanische Bergkette *(S. 60 – 61)*
25 Der Siegeszug des schwarzen Goldes *(S. 62 – 63)*
26 Windschutz im Oberen Tal *(S. 64 – 65)*
27 Die mattbraunen Felsenspitzen von Loncopué *(S. 66 – 67)*
28 Das Herz einer Estanzia in Bahía Camarones *(S. 68 – 69)*
29 Tomatenpflücken in Luján de Cuyo *(S. 70 – 71)*
30 Herbst in den Weingärten von Mendoza *(S. 72 – 73)*
31 Die Sierras von San Juan *(S. 74 – 75)*
32 Ischigualasto, das Tal des Mondes *(S. 76 – 77)*
33 Zuckerernte in Tucumán *(S. 78 – 79)*
34 Die Ruinen von Tastil *(S. 80 – 81)*
35 Die Wälle von Talampaya *(S. 82 – 83)*
36 Karge Weide in der Puna *(S. 84 – 85)*
37 Farbige Streifen in der Schlucht von Humahuaca *(S. 86 – 87)*
38 Kreidige Pastelltöne im Nordwesten *(S. 88 – 89)*
39 Die Farben der Erosion *(S. 90 – 91)*
40 Am Eingang des Toro-Cañons *(S. 92 – 93)*
41 Ackerfurchen *(S. 94 – 95)*
42 Profile der Pampa-Berge *(S. 96 – 97)*
43 Purmamarca und die Sieben Farben *(S. 98 – 99)*
44 Purmamarca, jahrhundertealte Traditionen *(S. 100 – 101)*
45 Trockene Flußbetten *(S. 102 – 103 und 104 – 105)*
46 Die Iguazú-Fälle *(S. 106 – 107 und 108 – 109)*
47 Teeplantage in Corrientes *(S. 110 – 111)*
48 Der rote Río Uruguay *(S. 112 – 113)*
49 Außenposten einer überfluteten Estanzia *(S. 114 – 115)*
50 Europäisch inspirierte Estanzia in der Pampa *(S. 116 – 117)*
51 Im Delta des Paraná *(S. 118 – 119)*
52 Buenos Aires, die große Metropole *(S. 120 – 121)*
53 Das Herz von Buenos Aires *(S. 122 – 123)*
54 Der Recoleta-Friedhof, eine Miniaturstadt *(S. 124 – 125)*
55 Mar del Plata in der Hochsaison *(S. 126 – 127)*

1. Staatsgrenze im Río de la Plata
2. Mündung des Río de la Plata in den Atlantik
3. Grenze zwischen Argentinien und Uruguay im Atlantik

DANK

Die Herausgeber möchten den folgenden Personen und Institutionen für ihre Unterstützung während dieses fotografischen Abenteuers danken:
YPF S.A., die das Projekt ermöglichte; Aerolíneas Argentinas; unserem Piloten Comandante Sergio Copertari, den Copiloten Emilio Yañez und Pedro Diamante sowie dem Mechaniker Eduardo Benítez; Comisario (Ret) Rodolfo Enrique Pantanali; Comisario Norberto Edgardo Gaudiero von der Flugstaffel der Bundespolizei; Capitano (Ret) Roberto A. Ulloa, früherer Gouverneur der Provinz Salta; Comandante Daniel Darío Pérez von der Gendarmerie von Orán (Provinz Salta); Felipe C. Larivière und Virginia Taylor de Fernández Beschtedt.

Außerdem danken wir denen, die uns auf unseren Reisen quer durch das Land ihre Gastfreundschaft boten:
Gräfin Moreschina de Arrivabene von der Zuckermühle Río Grande (Provinz Jujuy); Jean-Pierre Thibaud vom Weingut Chandon (Provinz Mendoza); Ernesto Giachino, Superintendent des Iguazú-Nationalparks (Provinz Misiones); Pedro de Larminat von der Estanzia Cerro Los Pinos (Provinz Neuquén); Estanzia La Estrella (Provinz Corrientes); Estanzia La Adela (Provinz Chubut); Estanzia Arroyo Verde (Provinz Neuquén).

Der Fotograf möchte Marc Lavaud und Philippe Bourseiller für das Bild auf Seite 2 – 3 danken.

Die Autorin dankt Marcelo Canevari von der argentinischen Nationalparkverwaltung; Adriana Marta Véscovo und María Luisa Gonzalo vom Instituto Geográfico Militar; Eduardo Pereda; René Fernández Campbell; dem Kunsthandwerker Cecilio E. Condorí aus Purmamarca (Provinz Jujuy); Alicia Dellepiane Rawson für ihr Lektorat des Textes und Norman Thomas di Giovanni für seine Anregungen.

Titel der englischen Originalausgabe: Argentina From the Air
Übersetzung aus dem Englischen: Mara Huber, Freiburg

Projektleitung: Mercedes Villegas de Larivière, Dudú von Thielmann
Projektkoordination: Marina Larivière de Bethlen
Gestaltung: Isabelle Chemin

Redaktion, Koordination: Armin Sinnwell, Prisma Verlag GmbH, München
Lektorat: Günther Wessel, Hamburg
Gestaltung des Schutzumschlages: Studio Schübel, München
Reproduktion: Quadrilaser
Satz: Buchmacher Bär, Freising

Printed in Italy
ISBN 3-575-22016-6

1 2 3 4 5 01 00 99 98 97